8° E
1684
AF455425

LOUIS-LUCIEN HUBERT

A GENÈVE EN SEPTEMBRE

La S. D. N.

ALBERT MESSEIN, ÉDITEUR
PARIS, 19, QUAI SAINT-MICHEL
1929

A GENÈVE
EN SEPTEMBRE

LA S. D. N.

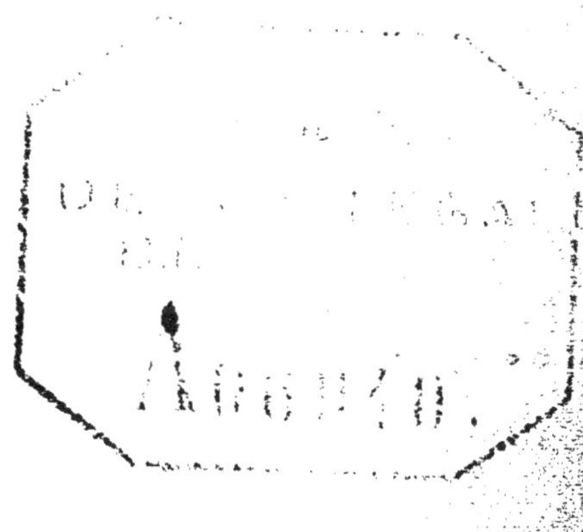

DU MÊME AUTEUR

La Renaissance d'un Département dévasté (Boivin, 5, rue Palatine).

Au Miroir du Passé (Boivin).

Les Grandes Journées parlementaires de la 3e République (Boivin).

En préparation :

Les Présidents des Assemblées françaises au 19e siècle.

LOUIS-LUCIEN HUBERT

R.F.

A GENÈVE EN SEPTEMBRE

LA S. D. N.

PARIS
ALBERT MESSEIN, ÉDITEUR
19, QUAI SAINT-MICHEL, 19

1929

IL A ÉTÉ TIRÉ DE CE LIVRE :

Cinquante exemplaires sur papier vergé d'Arches, numérotés de 1 à 50.

LA VILLE

Chaque année, au mois de septembre, Genève cesse, pendant quelques semaines, d'être simplement la capitale d'un des cantons de la République helvétique, pour devenir en quelque sorte la capitale morale de l'humanité. Durant tout le temps que siège l'assemblée de la Société des nations, les yeux des peuples sont tournés vers les rives du lac Léman, où se débat leur sort futur. De là sortiront le doute ou la sécurité, l'entente ou la discorde, la guerre ou la paix. Et l'enjeu est si haut, la question si tragique que nul ne saurait détourner ses regards de la ville où s'élabore le destin des hommes et celui des patries.

Tous les états d'esprit s'affrontent dans la cité de Calvin. Il y a là des mystiques, qui, indifférents aux obstacles, croient fouler le sol de la Terre promise

> Et qui marchent, vivants, dans un rêve étoilé.

Il y a là des sceptiques, qui promènent devant les efforts tentés un sourire désabusé. Il y a là des impatients, qui s'irritent de toutes les discussions et de tous les retards. Il y a là des détracteurs, qui sèment derrière eux l'hésitation et le découragement. Il y a là enfin des réalisateurs, qui, également éloignés des chimères et des sarcasmes, essayent de construire un édifice capable de résister aux manœuvres souterraines comme aux orages tumultueux.

Tous ces sentiments, portés, dans les heures de fièvre, à leur maximum d'intensité, contribuent à créer une atmosphère qu'on ne saurait comparer à aucune autre. Et ce ne sont pas seulement les idées qui divergent, ce sont aussi les races, les tempéraments, les méthodes, les mentalités. C'est comme une masse d'éléments hétérogènes en fusion qu'il s'agit de rapprocher, d'amalgamer, de souder, pour en faire jaillir un bloc solide. Et c'est là la difficulté et la grandeur de l'œuvre de la Société des nations.

Cette œuvre, elle l'accomplit sous la surveillance inlassable et exigeante de l'opinion publique mondiale. Chaque État envoie auprès d'elle non seulement ses représentants accrédités, ses hommes politiques, ses diplomates, ses juristes, ses fonctionnaires, mais aussi ses informateurs, ses observateurs, ses journalistes et jusqu'à ses simples curieux qui viennent ici pour voir, et parfois pour être vus. C'est la course perpétuelle aux communiqués, aux annonces sensationnelles, aux événements dramatiques. On s'aborde pour se transmettre avec une discrétion pleine d'importance des avertissements mystérieux ou des prédictions sentencieuses. Les délégués les plus en vue sont la proie des reporters, des photographes, des caricaturistes. Dans les hôtels bondés, les couloirs sont remplis d'agitations et de rumeurs, les salons de discussions et de délibérations. Pendant que les uns élaborent les tactiques à suivre, les autres recherchent les nouvelles à répandre, d'autres encore les invitations à lancer. Dans ce tourbillon incessant, on voit naître côte à côte les problèmes les plus délicats et les questions les plus minimes, on règle le sort des nations et les finesses du protocole. Et, après tout, n'est-ce pas le spectacle de la vie elle-même, faite de grandeur et de détails, d'une vie concentrée, ardente, fiévreuse parfois, passionnante toujours ?

Cette vie, elle se répand par toute la ville, qu'elle vient arracher à sa froideur austère. A travers les rues, le long des quais, au bord des eaux bleues et claires du lac, près du Rhône impétueux, règne la plus pittoresque animation. Une foule dense et multicolore circule, où se coudoient la grâce des élégances féminines et le laisser-aller des touristes pressés. Sous l'œil attentif d'agents vigilants circulent les automobiles, les unes, privilégiées, ornées de fanions aux couleurs nationales des membres des délégations, les autres, celles des simples particuliers, qu'aucun signe distinctif ne vient soustraire aux sévérités des prescriptions administratives. Le soir, tout s'illumine. Des guirlandes d'ampoules électriques, suspendues aux ponts, se reflètent dans la limpidité des flots. De loin en loin, des musiques font retentir leur éclat ou savourer leur douceur. Dans la nuit qui tombe, les montagnes voisines, du Salève au Jura, dressent leur masse noire et imposante et attestent la puissance immuable de la nature devant le charme léger et fragile de la civilisation.

Mais tout cela, c'est le décor, c'est le cadre extérieur, c'est le voile chatoyant. Il faut voir plus attentivement et plus loin. Derrière ce tableau coloré et, par moments, frivole, se déroule un travail patient et fécond. A côté de ceux qui sont venus pour regarder ou pour parader, il y a ceux qui sont l. pour agir et pour créer. Au-dessus des divergences fatales, des dissentiments inévitables, une idée commune les domine : la volonté de fortifier l'instrument qui se trouve entre leurs mains et de l'utiliser pour construire un ordre nouveau. Ils sentent que des espérances émouvantes les accompagnent et qu'ils n'ont pas le droit de les décevoir. Ils doivent mêler en eux la prudence nécessaire aux œuvres durables à la foi indispensable aux lourdes entreprises, de même qu'ils doivent accorder la sauvegarde de leurs intérêts nationaux avec le bien de la collectivité universelle. Et ils savent que s'ils échouent dans cette tâche délicate et magnifique, ce sera la plus douloureuse des faillites et la désillusion la plus amère au cœur des peuples. Le sentiment de leur immense responsabilité les pénètre. C'est à eux qu'il incombe d'instaurer à travers le monde une organisation politique et juridique qui assure, dans la sécurité de chacun, le respect des droits de tous et, dans la concorde de tous, l'exécution des devoirs de chacun. C'est un audacieux effort qui commence. S'il avorte, c'est, pour l'humanité, le plus périlleux des reculs.

Sur cet immense mur de la Réformation, dont l'originalité finit par laisser une impression imposante et que les Genevois ont élevé comme un monument aux progrès du protestantisme et de la liberté de conscience, confondus à leurs yeux, une devise s'étale majestueusement : *Post tenebras lux.* Cette devise, les hommes d'État qui dirigent vers un avenir plus clair la Société des nations naissante ne pourraient-ils pas, eux aussi, l'inscrire au frontispice du temple qu'ils élèvent, puisque leur but, leur mission et leur volonté est de faire régner, sur notre vieille terre déchirée et meurtrie, après les ténèbres de la guerre, la lumière de la paix ?

L'ASSEMBLÉE

Le temps n'est plus où d'Alembert reprochait à la vieille République genevoise de bannir impitoyablement le théâtre de son sol et de se refuser, par cet excès de puritanisme, à joindre « la politesse d'Athènes » à la « sagesse de Lacédémone ». Et son véhément contradicteur en la matière, Jean-Jacques Rousseau, souffrirait amèrement, en passant devant le brillant opéra édifié par ses compatriotes, de voir fouler aux pieds ses sévères conseils de vertu. Mais il est, chaque année, à Genève, un spectacle devant lequel tous les autres pâlissent et s'effacent, une salle pour laquelle le public déserterait sans hésiter les plus somptueuses représentations. Ce spectacle, c'est l'assemblée de la Société des nations ; cette salle, c'est la salle de la Réformation, où siègent les délégués de cinquante États.

Ce n'est certes pas que le local en lui-même soit attirant. Cet ancien temple, aux murs nus et froids, aménagé tant bien que mal en enceinte parlementaire, ne saurait rivaliser de commodité ou de confort avec nos Chambres législatives nationales. En attendant que la Société ait un palais digne d'elle, il faut bien qu'elle se contente de cette installation sommaire. Mais quand elle émigrera vers une demeure neuve, ce n'est peut-être pas sans une certaine mélancolie qu'elle quittera ce modeste édifice, où elle aura tenu ses premières assises, arrêté sa première organisation, accompli ses premiers actes, connu ses premières difficultés et ses premiers enthousiasmes, et qui restera pour la postérité comme un sanctuaire empli d'émouvants souvenirs.

Pour le moment, elle étouffe dans cette construction trop exiguë pour elle. Il faut des prodiges d'habileté, des remaniements incessants pour s'ingénier à donner à tous les membres de l'assemblée des places suffisantes et convenables. Et encore, combien d'entre eux doivent rester debout ou errer hasardeusement à la recherche de quelques fauteuils momentanément vacants ! Les couloirs consistent en deux pièces étroites, où se presse une foule compacte de délégués, d'experts, de journalistes ou de spectateurs. On se bouscule, on s'étouffe, on s'écrase, en une cohue mouvante et pittoresque, d'où l'on entend s'élever, en un mélange singulier, toutes les langues de l'univers. On aperçoit les grandes vedettes, entourées d'un groupe compact d'admirateurs, de complimenteurs et de curieux, happées par la curiosité ambiante, harcelées de questions, d'objurgations, de supplications. On voit se former dans les coins des groupes mystérieux et discrets qui préparent les offensives à tenter ou les manœuvres à exécuter — car là, comme dans les parlements, fleurissent les combinaisons de couloir, notamment quand approchent les élections au conseil. On distingue, à côté de bruyants éclats de voix, des conciliabules secrets. Des rires fusent au récit d'un bon mot ou d'une anecdote. Des visages se tendent au reçu d'une communication défavorable ou d'une nouvelle fâcheuse. Ici viennent se mêler tous les projets, toutes les embûches, tous les espoirs, toutes les anxiétés, toutes les noblesses, toutes les faiblesses, toutes les fiertés, toutes les vanités. Dans l'espace de quelques mètres carrés aboutissent et s'entrecroisent les fils qui tissent la trame de la vie universelle.

La publicité, cette exigence et cette conquête de la démocratie, règne sans conteste autour de la Société des nations. A l'entrée de l'hôtel Victoria, par où les délégués pénètrent dans la salle de la Réformation, voici les badauds, avides d'apercevoir, ne fût-ce qu'un instant, les personnages éminents, voici les reporters, ardents à leur arracher quelques paroles, voici les photographes, habiles à les saisir dans leurs gestes familiers ou leurs poses favorites. A l'intérieur de la salle, mêlés aux délégués, experts, officieux, secrétaires, circulent sans façon parmi les travées. Aucune barrière, aucune entrave, aucune tracasserie : la plus libérale simplicité.

Les commissions elles-mêmes, les six

BIBLIOTHÈQUE NATIONALE R.F. IMPRIMÉS

grandes commissions dont les travaux se déroulent de l'autre côté du lac, dans les locaux — également étroits et insuffisants — du secrétariat général, sont ouvertes à toutes les curiosités. Chacun peut y pénétrer aisément, et l'on ne s'en fait pas faute. Telles séances de la troisième commission, par exemple, celle du désarmement, attirent une véritable foule, pénétrée du désir d'écouter les angoissantes discussions qui s'y déroulent, de connaître les leaders qui y prennent part. Et ce ne serait pas une des moindres désillusions des prochaines sessions que de n'y plus rencontrer M. Paul-Boncour, de n'y plus entendre sa voix grave et caressante, de n'y plus applaudir son éloquence d'une pureté classique et harmonieuse, faite à la fois de logique et de séduction.

Aussi bien, les commissions sont des assemblées au petit pied. Chaque État y est représenté par des délégués et par des techniciens, qui délibèrent avec attention, avec ardeur, avec passion parfois. Les allocutions, toujours prononcées avec la plus parfaite courtoisie, ne sont cependant exemptes ni de cet humour un peu railleur dans lequel excellent les Britanniques, ni même parfois de pointes mordantes qui s'enveloppent dans un sourire. Là se préparent les rapports, s'affrontent les thèses en présence, se dessinent les transactions, se précisent les solutions qui vont être portées ensuite devant l'assemblée.

L'ordre du jour de celle-ci est toujours étudié avec le plus grand soin. Les paroles que prononcera le président sont mûrement réfléchies et souvent écrites. Autour de lui se trouvent, d'une part, le secrétaire général, sir Eric Drummond, la véritable cheville ouvrière de cette vaste organisation, accompagné de quelques-uns de ses collaborateurs, de l'autre, la cohorte dévouée et vigilante des traducteurs, à la tête desquels figure M. Camerlynk. Comme chaque discours doit être entendu en français et en anglais, c'est de leur habileté et de leur fidélité que dépend, pour une large partie des auditeurs, l'exacte compréhension des arguments fournis, et leurs méprises peuvent avoir parfois les conséquences les plus inattendues.

La tribune, au pied de laquelle, comme dans tous les Parlements, écrivent fiévreusement les sténographes, est encombrée d'appareils divers et remarquables, de haut-parleurs, d'amplificateurs, que les grands orateurs dédaignent d'ailleurs d'utiliser — et qu'ont-ils besoin de tout cet étalage hétéroclite pour que leur voix soit entendue de l'univers ! Au plafond sont suspendus des instruments de télégraphie sans fil, qui permettent de répandre, dans le moment même où elles sont prononcées, les paroles qui s'élèvent.

Ainsi, par la vertu de la science et du progrès, le monde entier est tenu au courant, sans une seconde de retard, des délibérations qui engagent son avenir, et les peuples, ces arbitres suprêmes, peuvent immédiatement savoir, comprendre et juger.

LES ORATEURS

Il n'est pas d'assemblée plus riche en orateurs notoires que la Société des nations, puisque chaque pays y envoie quelques-uns des représentants les plus remarquables de l'éloquence nationale. Il n'est pas non plus d'assemblée plus délicate à manier pour ces orateurs eux-mêmes, quels que soient leur talent et leur renommée.

C'est qu'en effet le milieu qu'elle constitue est d'une originalité singulièrement embarrassante pour qui prétend porter la parole devant elle. Diversité des races, diversité des langues, diversité des mentalités, diversité des formations, diversité des préoccupations. Celui-ci vient de la Norvège, celui-là de l'Afrique du Sud. Celui-ci appartient à un pays opulent, celui-là à une terre pauvre. Celui-ci est un parlementaire, celui-là un diplomate. Celui-ci place au premier rang la question du désarmement, celui-là celle de l'opium. Et comme ils ne siègent que quelques semaines côte à côte, toutes ces dissemblances, toutes ces dissonances n'ont pas le temps de se fondre et de s'harmoniser. C'est cependant de tous ces hommes si différents qu'il faut se faire comprendre. Il faut leur traduire des sentiments à la fois suffisamment simples pour ne pas tomber dans une subtilité périlleuse et suffisamment élevés pour dominer les idées particulières. Et il faut en même temps prendre garde qu'on ne parle pas seulement pour l'auditoire qui vous écoute, mais que votre propre opinion publique nationale, qui n'est pas toujours à l'unisson, vous attend et vous guette. Lorsqu'en 1924, lord Parmoor, apposant sa signature, au nom du gouvernement travailliste d'alors, au protocole de Genève, montrait l'Angleterre prête à apporter, en quelque coin du monde que ce fût, l'appui de toutes ses flottes et de toutes ses armées au pays victime d'une agression, il faisait passer dans l'assemblée une vague d'enthousiasme. Mais, revenu à Londres, il devenait la cible d'attaques passionnées qui ne contribuèrent pas peu à la chute du cabinet Macdonald.

C'est donc une épreuve redoutable pour un ministre responsable ou pour un homme d'État important que d'élever la voix dans une telle enceinte. Il faut se faire, autant que possible, approuver par tous sans mécontenter personne, satisfaire à la fois son pays et l'étranger, la conscience nationale et la conscience universelle. Tâche infiniment délicate, à laquelle s'essayent successivement tous les ténors des diverses délégations, et dont la difficulté apparaît avec un relief particulier au cours de la discussion du rapport moral annuel devant l'assemblée. Défilé des maîtres les plus illustres de l'art oratoire, qui viennent tour à tour exprimer l'état d'esprit et les intentions de leurs compatriotes. Entre tant d'orateurs éminents, quelques physionomies se gravent dans les yeux avec une netteté et une force qui les détachent au premier rang.

M. Briand est à Genève dans son milieu. Le prestige qui l'y entoure est frappant. Dès qu'il paraît à la tribune, c'est une explosion d'applaudissements chaleureux et spontanés. Son talent semble plus rayonnant encore que partout ailleurs, et ses ressources se déploient avec une liberté et une souplesse infinies. Il passe, avec une surprenante variété, de la fougue à l'ironie, de la véhémence à la finesse, de la flamme à la simplicité. Il sourit, il interroge, il s'indigne, il clame, il tonne. Le geste ample, la mimique savante, la voix prenante et nuancée s'unissent en un admirable ensemble, et l'on sent par moments passer sur l'assemblée ce frisson qui vous prend au cœur.

C'est bien l'Angleterre qui parle en la personne de sir Austen Chamberlain. Dans son éloquence se mêlent la loyauté, l'humour, parfois l'orgueil, parfois aussi une émotion qui atteint la grandeur. La forme est brillante, riche en images heureuses et en formules bien frappées. La photographie et la caricature ont popularisé les traits du ministre des affaires étrangères britannique, sa figure racée de gentleman, son immuable monocle. Sa voix, un peu sourde, s'efforce de s'amplifier pour lancer les passages essentiels Le geste précède la phrase et l'annonce. Les bras s'écartent ou se dressent, le doigt se tend en avant, dans un mouvement dominateur. On sent toute l'assurance, mais aussi toutes les angoisses de l'homme à qui le destin a imposé la charge de diriger le plus grand empire qui soit au monde.

Le docteur Stresemann a un succès de curiosité évident. Mais ce qu'il dit est à coup sûr plus remarquable que la façon dont il le dit. Son maintien est raide, sa voix monocorde. Il lit en allemand, d'un ton aigu et uniforme, ses discours d'ailleurs le plus souvent habiles et bien composés. L'Allemagne n'est pas, en général, un pays d'orateurs ; il est visible que M. Stresemann s'attache avant tout au fond et que la présentation lui paraît secondaire.

Quel contraste avec la souplesse latine de M. Scialoja ! Le premier délégué italien n'appartient pas à cette école du lyrisme, souvent débordant jusqu'à l'emphase, qui sévit parfois dans la péninsule. Il est tout en finesse, tout en nuances. Son organe est faible, mais il parle avec une originalité si attirante que ses auditeurs quittent leur place pour venir dessiner autour de lui un cercle pressé. Sans précautions préalables, sans excuses ampoulées, il jette à ses contradicteurs une série de fléchettes et de banderilles, qui soulèvent l'hilarité même de ses victimes. Il répand sur l'enthousiasme ambiant des réflexions de réalisme un peu pessimiste, mais il les fait accepter sans murmures par sa bonne grâce et son esprit.

Comme M. Scialoja, M. Politis est un professeur, mais il a gardé à un degré beaucoup plus sensible l'empreinte de sa formation promière. Ses harangues sont de magnifiques cours de droit. A la fois élégantes et solides, bien composées, bien charpentées, bien divisées, elles abondent en distinctions subtiles et habiles, en recommandations prudentes et sagaces. Les périodes s'envolent, harmonieuses et légères, mélange délicat des grâces de l'Attique et de celles de la France.

M. Vandervelde, que l'Assemblée ne devait plus revoir en 1928, montait à la tribune, l'année précédente, dans des circonstances difficiles. Homme de parti, ayant, au cours d'une longue carrière, maintes fois et hautement proclamé ses doctrines, il devait parler au nom d'un gouvernement d'union nationale et ne possédait pas, de ce fait, son entière liberté d'allure. La délégation même qu'il présidait n'avait pas d'homogénéité politique, et on y voyait voisiner côte à côte la foi socialiste, d'ailleurs riche de finesse dialecticienne, qui anime le visage d'apôtre de M. de Brouckère, la conscience catholique, austère et grave, qui se peint sur la physionomie du vicomte Poullet, le libéralisme bienveillant qui rayonne dans les beaux yeux lumineux d'intelligence et de vie de M. Paul-Emile Janson. Il représentait enfin un pays candidat à la rééligibilité au conseil, c'est-à-dire obligé, pour triompher, d'obtenir les deux tiers des voix, et, par conséquent, de ménager avec soin toutes les susceptibilités tout en affirmant son opinion. Il fallait tout son talent et toute sa réputation pour surmonter de pareils obstacles. Son succès oratoire fut incontestable. Son éloquence puissante et nourrie, sa voix sonore aux éclats métalliques, ses gestes inattendus de prédicateur, produisirent sur l'assemblée une impression profonde, mais qui ne devait pas, hélas ! suffire à arracher le vote nécessaire.

Du moins, l'accueil chaleureux réservé aux paroles si hautes et si dignes que prononça le ministre des affaires étrangères de Belgique, quand le résultat du scrutin fut connu, prouva clairement que c'est sur une question de principe que son pays avait succombé et que l'unanime sympathie des nations continuait de l'entourer.

Combien d'autres orateurs encore il faudrait évoquer : lyrisme musical d'Hé ène Vacaresco, profil caractérisé du comte Apponyi, vibrante éloquence de M. Adatci, verve caustique de M. Hambro, élan vigoureux de M. Lange. Nous avons simplement voulu peindre, en quelques touches rapides, certains des personnages dominants de l'assemblée de Genève. Ceux-là sont au premier rang, mais tous travaillent du même cœur au succès de la tâche collective. Si la plupart de leurs qualités sont différentes, il en est une qui leur est commune : la bonne volonté, et c'est par elle qu'ils méritent de réussir.

DEUX GRANDS DISCOURS

Près de dix ans après la signature du traité de Francfort, Jules Favre, qui l'avait signé au nom de la France, disparaissait dans l'indifférence et presque dans l'oubli, accablé sous le poids de ce cruel souvenir. Près de dix ans après la signature du traité de Versailles, M. Hermann Müller, qui l'a signé au nom de l'Allemagne, monte à la tribune de la Société des nations, en qualité de chef du gouvernement du Reich, et vient exprimer, avec toute l'autorité qui s'attache à ce titre, la pensée de son pays. L'histoire a de ces rapprochements singuliers, propres à déconcerter les prévisions des hommes d'État et à fixer l'attention des philosophes.

Mais l'air de Genève n'est pas toujours propice à la philosophie, et il est des heures où la nervosité et la fièvre s'y donnent libre carrière. Il suffit, pour cela, non pas même de certains actes, mais de certains discours. Celui de M. Briand, lors de la dernière Assemblée, en fut la preuve.

La session s'était déroulée jusqu'alors dans le calme le plus entier; elle n'avait suscité ni les grands enthousiasmes ni les grandes inquiétudes. Et même, le jour de l'ouverture de la discussion sur le rapport du secrétaire général — c'est-à-dire de la discussion classique et fondamentale sur l'œuvre accomplie par la Société des nations pendant l'année écoulée — on avait assisté à une scène imprévue et apaisante. Le président avait annoncé, d'un ton à la fois grave et attristé, dans lequel on sentait une nuance de surprise et quasi de reproche, qu'aucun orateur ne s'était fait inscrire. Magnifique exemple ! Précédent mémorable ! Pendant que les uns souriaient, incrédules, les autres se préparaient déjà à entamer l'éloge de ce vaste Parlement où on savait se résigner à ne pas parler quand on n'avait rien à dire. Une prolongation indulgente du délai d'inscription allait rendre la leçon incomplète. Il n'y avait pas d'orateurs le mardi à quatre heures. Il y en avait tant le mardi soir que le débat eut bien de la peine à s'achever au bout d'une semaine. Et cela aussi est un enseignement.

La salle de la Réformation a donc vu défiler une fois de plus à la tribune ses vedettes. Sans faire tort à tant d'éloquents délégués, on peut dire que, par leur importance et leurs répercussions, deux harangues se sont imposées au premier plan : celle de M. Hermann Müller et celle de M. Aristide Briand. La seconde était d'ailleurs la réponse naturelle à la première et ne saurait en être séparée.

L'actuel chancelier du Reich paraît porter avec vigueur le fardeau du pouvoir. Sa stature est ample, sa physionomie sérieuse, sa voix assurée. Sans recherche d'élégance dans l'expression ou d'éclat dans le style, il traduit nettement, presque rudement sa pensée. Il sait où il va, et il y va sans détours. Sa main — cette main qui, le 28 juin 1919, dans la galerie des Glaces, a apposé la signature de l'Allemagne au bas d'un des plus grands actes internationaux des temps modernes — tient calmement, sans qu'une émotion intérieure semble l'agiter, les feuillets sur lesquels le ministre a consigné les points de vue du gouvernement de Berlin. Le geste est sobre et rare ; il souligne et martèle parfois les passages capitaux. Rien d'un déclamateur, ni même d'un tribun.

Rien non plus d'un diplomate ou d'un disciple de la diplomatie. C'est un homme politique qui parle et qui expose sa doctrine sans réticences. Ses concessions de forme sont réduites au minimum et n'apparaissent que comme un voile léger et transparent. Il ne s'astreint pas à ces circonlocutions habiles ou flatteuses, qui rendent les discussions moins brutales, mais n'aident guère, au fond, à les trancher. Un Stresemann, plus rompu aux négociations, plus connaisseur du milieu genevois, eût sans doute mis plus d'adresse dans ses phrases ; il n'y eût certes pas mis plus de clarté.

Est-ce l'absence de son partenaire habituel ? N'est-ce pas plutôt le ton employé par le chef de la délégation allemande ? Le fait est que, dans sa riposte, M. Briand, tout en conservant avec une parfaite mesure les ménagements nécessaires, n'a pas hésité à remettre les choses au point avec une fermeté d'accent qui a provoqué outre-Rhin une visible émotion. Si on songe à certaines expressions du chancelier, on voudra bien reconnaître la légitimité de la réponse qu'il a reçue. Il avait parlé franc, on lui a parlé franc.

Certes, notre ministre des affaires étrangères ne s'est pas cru obligé pour cela de renoncer à cette finesse et à cette souplesse qui font de lui un des plus brillants artistes de la tribune.

Son intervention était attendue avec impatience par un auditoire pressé et attentif. Le premier et instinctif hommage qu'une assemblée rend immédiatement à un maître de la parole est le silence. M. Briand l'a obtenu total, soutenu et passionné, et sa virtuosité a pu se déployer dans son étendue et sa plénitude. Libre de tout dossier, de toute note, de tout papier, uniquement armé de son verbe et de sa pensée, lisant comme en un livre ouvert dans l'âme de ceux qui l'écoutent, d'emblée il les conquiert et les séduit. Il prend plaisir à se jouer des obstacles et des difficultés. Maniant avec une science égale la sensibilité et l'ironie, tantôt il enflamme les esprits par une véhémence ardente et tantôt il les éclaire par une bonhomie railleuse. Avec une exacte et sûre pénétration, il saisit le moment où il faut lancer la tirade retentissante et celui où il faut jeter la boutade pittoresque. Il est tour à tour insinuant et indigné, frémissant et sagace, entraînant et dominateur. Sa voix se modèle sur ses sentiments ; elle les traduit et les renforce avec une variété merveilleuse. Profonde ou mordante, voilée ou sonore, elle se fait discrète dans le conseil, caressante dans la prière, impérieuse dans l'exhortation, tonnante dans l'apostrophe. Le geste l'accompagne ou la prolonge. Les mains se joignent et se disjoignent, dessinent la phrase, la pétrissent, l'achèvent. Le bras tendu, l'index pointé semblent montrer les difficultés, les erreurs ou les solutions. On croirait que l'orateur voit les idées, les saisit une à une et les présente successivement aux auditeurs haletants ou charmés.

Mais M. Briand ne s'est pas contenté d'enchanter ses collègues par les rythmes berceurs d'une musique cadencée. Le chancelier du Reich s'était exprimé sans art et sans fard. Lui s'est exprimé avec plus d'art, mais sans plus de fard. Qui pouvait s'en indigner ou seulement s'en étonner, puisqu'il ne faisait que suivre l'exemple qu'on lui avait donné ? Qu'avait-il dit, en somme, sinon des vérités évidentes et incontestables ? Et pourtant, dans l'atmosphère tranquille et un peu assoupie qui avait ouaté les débuts de la session, ses déclarations produisirent un déchaînement de rumeurs et d'inquiétudes foudroyant.

Le soir, à l'hôtel des Bergues, dans un salon saturé d'une chaleur étouffante et presque trop petit pour les contenir tous, les correspondants de presse entouraient le héros de la journée, qui, souriant et par moments gouailleur, attendait paisiblement leurs questions. D'abord, un silence embarrassé, comme celui qui avait pesé sur le début des travaux de l'assemblée. Puis bientôt, les interrogations jaillissent, de plus en plus pressantes. Tantôt, c'étaient des journalistes allemands qui marquaient leur surprise et s'efforçaient d'enlacer le ministre dans les méandres d'une dialectique à vrai dire contestable. Tantôt, c'était un envoyé de Moscou qui tentait, à l'aide d'une casuistique subtile, de mettre les

Soviets à l'abri des reproches qui leur avaient été adressés. Au premier rang, avec son profil accusé et ses lunettes d'écaille solidement chaussées, un mince et long cigare à la bouche, une fleur blanche à la boutonnière, Georg Bernhard, l'influent directeur de la *Gazette de Voss*, promenait sur ce spectacle un regard et un sourire également aigus. M. Briand, assis au milieu de la délégation française, s'ingéniait à calmer tant d'émoi par des explications, d'ailleurs pertinentes et décisives pour des esprits non prévenus. Avec cet humour et ce détachement qui rendent sa conversation privée si attrayante, il s'exclamait : « On m'a parfois reproché de parler pour ne rien dire. Depuis ce matin, je me sens singulièrement réhabilité à mes propres yeux ! » Et certes, un homme décidé à jeter le trouble dans l'Europe n'aurait pas gardé tant de bonne humeur.

Au surplus, ne défendait-il pas une saine doctrine ? La Société des nations ne doit pas être une société de compliments mutuels et de salutations réciproques, ni une scène où l'on s'exercerait à envelopper ses pensées et à calculer ses démarches. On vient à Genève pour apprendre aux peuples à se regarder les yeux dans les yeux et à s'expliquer librement et loyalement. On y fait en quelque sorte leur éducation internationale. Elle ne consiste pas à leur apprendre à ruser et à biaiser. La vraie politique de la paix, c'est la politique de la franchise.

LA SAISON

On n'aurait pas un tableau complet de la vie genevoise au moment de la session annuelle de la Société des nations si l'on se contentait d'aller studieusement suivre les délibérations de l'Assemblée dans l'austère salle de la Réformation ou celles des commissions dans les locaux trop étroits du secrétariat général. La grande saison diplomatique se double en effet d'une grande saison mondaine, dont l'attraction s'exerce au loin. De toutes parts, on voit surgir des personnages notables, poussés par la curiosité... ou par le snobisme. Il est, aux yeux de certains, de bon ton de s'installer à Genève en même temps que les envoyés d'une cinquantaine d'États, et, dans cette course vers le Léman, les femmes ne sont pas les moins passionnées. Dans les châteaux et les parcs qui entourent la vieille cité protestante devenue la capitale de la religion pacifiste, les salons s'ouvrent, les soirées s'organisent. D'aimables et ferventes initiées de la politique étrangère, délaissant la plage ou la montagne, aiment à déployer sur les rives du lac leur zèle enthousiaste et leurs admirations démonstratives. Tout le monde n'est d'ailleurs pas pétri d'intentions aussi bienveillantes, et maints esprits critiques ou chagrins promènent sur les spectacles qu'ils observent un regard tantôt froid, tantôt inquiet, tantôt même sarcastique. Bernard Shaw vient préparer ses ironies systématiques, René Benjamin ses pamphlets acérés, Forain ses traits mordants. Dessinateurs et caricaturistes connaissent de beaux jours. D'innombrables proies s'offrent à leurs yeux pénétrants et impitoyables. Les murs de la « Bavaria », cette brasserie pittoresque et animée, chère à M. Stresemann, s'ornent de profils lestement enlevés que soulignent de piquantes légendes, accueillies avec joie par le public et avec bonne humeur par les victimes elles-mêmes. L'afflux de délégués, de journalistes, de visiteurs donne comme un renouveau de vitalité à la ville. Les rues sont sillonnées d'automobiles aux fanions divers et multicolores, les trottoirs encombrés par des étrangers de tous les pays et de tous les idiomes. De Bellevue à Bellerive, les restaurants s'emplissent, et, sur leurs tables, se succèdent classiquement les truites ou les féras, les perdreaux ou les lièvres. L'âge d'or enfin sonne pour les hôtels, dont quelques-uns semblent, par instants, les centres de l'éxistence quotidienne, les pôles de l'agitation ambiante.

Il suffit, par exemple, de s'asseoir pendant une heure dans un coin du hall large et clair des Bergues pour voir défiler comme sur l'écran d'un cinématographe tout ce que Genève possède de plus éminent et de plus divers. Voici le président de l'assemblée, M. Zahle, qui s'avance avec une gravité cérémonieuse et courtoise. Voici M. Briand, entouré d'un essaim de reporters qu'il apaise d'une boutade ou décourage par un mutisme profondément commenté. Voici M. Quiñones de Leon, souriant, aimable et cordial. M. Motta saute de sa voiture, des papiers à la main, leste et affairé. La figure fine de M. Hymans semble fendre les groupes capricieusement composés. M. Paul-Boncour, la physionomie jeune, élégante et glabre sous la masse opulente des cheveux gris, part en hâte pour la troisième commission où il va soutenir avec le comte Bernstorff d'ardentes controverses sur le désarmement. M. Loucheur, toujours rapide, net et décidé, descend l'escalier en coup de vent, distribuant de brèves explications et des serrements de main hâtifs. Plus loin, le calme nordique de M. Unden voisine avec la bonne grâce roumaine de M. Comnène, le flegme hollandais de M. Loudon avec la vivacité polonaise de M. Zaleski. On s'attache anxieusement à déterminer les sentiments que peut refléter le masque solide et jovial de lord Cushendun sortant d'une entrevue avec notre ministre des affaires étrangères. On scrute les yeux de M. Scialoja, dans lesquels se reflètent toute l'intelligence et toute la finesse italiennes. Des cercles se forment et se dissolvent, des conversations s'engagent, se prolongent ou cessent brusquement, suivant que telle ou telle nouvelle se répand, que telle ou telle personnalité fait son entrée. Dans ce cadre restreint, toutes les races se coudoient et fraternisent, toutes les habitudes et toutes les attitudes nationales s'affrontent sans se heurter. Au moment même où apparaît, dans l'embrasure de la porte, la robuste stature de M. Jouhaux, qui ne passe pas précisément pour un fervent partisan des méthodes mussoliniennes, à quelques mètres de là, le sénateur Cippico, fidèle disciple du « Duce », esquisse à l'adresse d'un de ses compatriotes un salut à la mode fasciste. Il y a peut-être des endroits où de telles rencontres se termineraient par des incidents ; ici, elles se terminent par une indifférence indulgente, par des coups de chapeau ou par des sourires. C'est le milieu, c'est la vertu de l'atmosphère genevoise qui le veulent.

Cette vertu de rapprochement, elle s'exerce

aussi dans les réceptions que les délégations s'offrent mutuellement. La chemise empesée et l'habit noir confèrent aux invités une uniformité extérieure qui couvre momentanément tous les antagonismes. Nul n'est surpris de voir autour de la même table M. Carton de Wiart et M. von Schubert, M. Benès et le comte Apponyi. Sous les lumières, au milieu des toilettes chatoyantes, des décorations rutilantes — car on n'en voit nulle part davantage que dans cette Suisse égalitaire qui les ignore, — parmi les cristaux scintillants, les fleurs délicates ou éclatantes, comment aurait-on le mauvais goût de troubler par des discussions malséantes l'équilibre savamment réalisé ? Les seules luttes qui se poursuivent ici sont des luttes pour l'ordonnance et la composition des repas, et, sur ce terrain, les amours-propres nationaux peuvent se mesurer sans danger pour la paix générale. Les commentaires sur la somptuosité du dîner espagnol ou l'excellence du déjeuner de M. Briand peuvent aller leur train sans que les relations de peuple à peuple en soient compromises, et n'est-ce pas là la preuve que la cuisine est une des formes supérieures de la civilisation ? Aussi bien, les plats des palaces n'ont pas de patrie, et les vins qui les arrosent constituent une Internationale propice à toutes les conciliations. Si, dans ce domaine, la France tient un rang éminent, les missionnaires de bien d'autres États peuvent se réjouir du lustre légitime qui auréole leurs terroirs. A côté de la franche fermeté des bordeaux, de la chaleur généreuse des bourgognes, de la vigueur légère des champagnes, se répandent la vive fraîcheur des neufchâtel ou des dézaley, la force corsée des johannisberg, la chaude ardeur des xérès et des portos. Et la blanche vodka, qui parfois les précède, serait-elle un appel discret à la Russie lointaine et absente ? Comme les hommes, les produits de la terre se rejoignent et se mêlent en une symbolique harmonie !

Le repas s'achève, les conversations se multiplient et s'amplifient, des musiques s'élèvent. Là-bas, dans son île proche, assis sur son socle de pierre, Jean-Jacques, champion de la vie agreste et de la simplicité originelle, doit contempler avec inquiétude les images qu'il devine à travers les fenêtres éclairées et se demander si c'est sur un réseau de fêtes qu'on parviendra à construire un monde nouveau et meilleur.

Qu'il se rassure, le philosophe ! Tout ici n'est pas décorum. Demain, le labeur reprendra, non seulement dans les endroits qui lui sont consacrés, mais sous le toit même qui a abrité le plaisir. Tout près de la vaste salle où, la nuit venue, les orchestres accompagnent les danseurs, voici le salon du Mont-Blanc où, chaque matin, la délégation française se réunit et délibère sur les problèmes à l'ordre du jour. De l'autre côté, c'est la pièce où les journalistes viennent tous les soirs prendre contact avec nos représentants et discuter avec eux les événements de la journée. Là-haut, au troisième étage, ce sont les bureaux du secrétariat français où, dans un va-et-vient de visites incessantes, dans un bruit de téléphones et de machines à écrire, prennent naissance les comptes rendus, les notes, les rapports. Ainsi, dans le temple même des cérémonies mondaines, il subsiste, pour ainsi dire, de modestes cellules dédiées au travail. Et qu'importe, après tout, qu'un vernis fragile et fugace recouvre l'édifice si, derrière la façade brillante et légère, l'effort consciencieux se poursuit !

BIBLIOTHÈQUE NATIONALE R.F. IMPRIMÉS

TABLE DES MATIÈRES

La Ville.......................... 5
L'Assemblée.......................... 13
Les Orateurs.......................... 23
Deux Grands Discours.......................... 35
La Saison.......................... 47

BIBLIOTHÈQUE NATIONALE RF IMPRIMÉS

Saint-Amand (Cher). — Imprimerie R. Bussière. — 30-1-1929

www.ingramcontent.com/pod-product-compliance
Ingram Content Group UK Ltd.
Pitfield, Milton Keynes, MK11 3LW, UK
UKHW022137260726
13993UKWH00003B/1487

9 782329 181035